LETTRE

DE M. LE COMTE

FRANÇOIS DE NEUFCHATEAU,

A M. SUARD,

SECRÉTAIRE PERPÉTUEL DE L'ACADÉMIE FRANÇAISE.

Sur la nouvelle édition de sa traduction de l'Histoire de Charles-Quint, et sur quelques oublis de M. Robertson.

PARIS.

IMPRIMERIE DE LE NORMANT, RUE DE SEINE, N.° 8.

1817.

pagne, son fils. Une copie de cet écrit, tombée dans les mains de la reine Christine de Suède, a passé de Stockholm à Berlin, où ces *instructions* ont été traduites de l'italien en français, en faveur d'un prince électoral de la maison de Brandebourg (Berlin et la Haye, 1700, *in*-12). M. Robertson n'en a rien dit, non plus que de quelques autres pièces conservées par Grégorio Leti, dans son *Histoire de Charles-Quint*, ouvrage partial et fait à la hâte, mais qui renferme pourtant des choses assez singulières. *Leti* maltraite beaucoup François Ier, tout en convenant que la politique n'étoit, pour Charles-Quint, que l'art de tromper les hommes. Nous pourrions opposer aux jugemens hasardés du protestant *Leti*, une comparaison de Charles-Quint et de François Ier, faite à la manière des parallèles de Plutarque, par *Varillas*, et fort supérieure à tout ce qu'a écrit ce dernier historien. C'est un morceau vraiment curieux, qui contient 100 pages dans l'édition *in*-4°, et 169 pages dans la réimpression particulière, *in*-12, faite à Paris, en 1730, sans nom d'auteur, à la suite de la *Campagne de Louis XIV*, par *Pélisson*, ou plutôt par *Boileau* et *Racine*. Voyez le numéro 7984 du *Dictionnaire des Anonymes*, par le savant bibliothécaire, M. *Barbier*.

Varillas imite Plutarque, en s'abstenant de prononcer, à la fin de son parallèle, sur celui des deux princes qu'il croit supérieur à l'autre; mais on voit bien qu'il penche en faveur de François Ier, par des raisons qui peignent l'esprit de son temps. Par exemple, il fait un crime à Charles-Quint *d'avoir connivé durant vingt-sept ans à l'accroissement de l'hérésie de Luther;* et un mérite à François Ier, *d'avoir fait passer par le feu tous les hérétiques dont il eut connoissance.* A cela près, cette comparaison vaut la peine d'être relue, parce qu'elle fait bien sentir les obligations que l'esprit humain eut à François Ier, avant le règne duquel, dit *Varillas*, « la France languissoit dans une si » profonde ignorance, qu'un honnête homme » auroit tenu à injure d'être appelé savant. » Les lettres ne sauroient trop honorer la mémoire du prince qui fut leur restaurateur et leur père.

LETTRE

DE M. LE COMTE

FRANÇOIS DE NEUFCHATEAU,

A M. SUARD.

Monsieur et cher confrère,

J'ai relu avec un nouveau plaisir votre nouvelle édition de l'*Histoire de Charles-Quint.* Je suis bien aise de connoître les additions que l'illustre Robertson a faites à son texte primitif; je vous tiens compte aussi des corrections nombreuses, par lesquelles vous avez vous-même ajouté à l'élégance et au mérite supérieur de votre traduction. Ce bel ouvrage étoit digne de tous vos soins. Vous en avez fait un des monumens et des modèles de cette pureté de style, devenue si rare, et qui est pourtant le seul cachet des bons ouvrages de notre langue, plus difficile à manier qu'aucune autre, parce qu'aucune autre n'exige aussi impérieusement tant de correction et de clarté. Ce n'est donc pas peu de chose d'avoir complétement naturalisé un si excellent livre dans la littérature française. Je suis bien flatté de le tenir de vous-même. Me permettrez-vous de vous en témoigner ma reconnoissance, en vous exprimant le regret que votre modestie vous ait détourné de l'idée de joindre à votre traduction quelques notes, dont cet ouvrage, d'ailleurs classique, a dû vous paroître susceptible? Les recherches, si curieuses et si étendues, de M. Robertson, ne vous paroissent-elles rien laisser à désirer, surtout relativement à la partie de cette Histoire qui a été traitée par des écrivains français, accusés, en général, de partialité par M. Robertson, peut-être un peu au hasard et sans une assez grande connoissance de cause? Il ne semble pas avoir eu à sa disposition, ou avoir consulté avec autant de soin les livres écrits en notre langue que ceux des Allemands, des Belges ou des Espagnols, dont nous pourrions, à notre tour, récuser aussi quelquefois les préjugés nationaux. La Bibliothèque d'Edimbourg, quelque riche qu'elle puisse être, ne pouvoit pas fournir à M. Robertson tous les documens et toutes les pièces, dont plusieurs ne se trouvent que dans les archives du continent, tels que les manuscrits du cardinal de Granvelle. Au premier aperçu, je crois avoir saisi quelques omissions, qui m'en feroient soupçonner d'autres. Vous en jugerez mieux que moi, monsieur et cher confrère, sur l'indication succincte que je vais en risquer. Je ne parlerai que de l'Histoire même du règne de Charles-Quint. J'aurois autre chose à dire de l'admirable Introduction à cette Histoire : mais il faudroit plus de loisir et plus de force que je n'en ai, pour rassembler les supplémens dont je crois que cette belle introduction pourroit aussi avoir besoin. Quant à l'*Histoire de Charles-Quint*, proprement dite, je prendrai la liberté de vous proposer la réparation des oublis de M. Robertson, 1°. sur la connoissance que ce prince avoit de la langue française ; 2°. sur son goût pour les jeux de mots ; 3°. sur une pièce qui fut jouée devant lui à Augsbourg ; 4°. sur un trait qui fait beaucoup d'honneur à ce prince ; 5°. sur les tableaux qu'il fit placer dans sa retraite de Saint-Just ; 6°. sur ce qu'il éprouva de l'inquisition après sa mort ; 7°. sur le jugement sévère que Condillac a porté de ce prince ; 8°. enfin, sur les citations françaises que vous pourriez joindre aux notes, dont je me permets de vous imposer le travail surérogatoire, comme un complément nécessaire de l'ouvrage instructif de M. Robertson, devenu aujourd'hui le vôtre.

§ I. *Silence de M. Robertson sur la connoissance que Charles-Quint avoit de la langue française.*

L'intérêt particulier que je prends à l'étude de la langue française me porte à revendiquer d'abord pour cette langue l'honneur d'avoir le plus contribué à l'éducation et à la formation de l'esprit de Charles-Quint. Lorsqu'il n'étoit encore que don Carlos, il avoit coutume de dire qu'il vouloit se servir de la langue italienne pour parler au Pape; de l'espagnole, pour parler à la reine Jeanne, sa mère; de l'anglaise, pour parler à la reine Catherine, sa tante; de la flamande, pour parler à ses amis; et de la française, pour s'entretenir avec lui-même. Le président de Thou observe que ce jeune prince lisoit et goûtoit surtout les *Mémoires sur Louis XI*, par Philippe de Commines. Ce fut peut-être cette lecture qui le mit sur la trace des ruses et des voies obliques du fils de Charles VII.

Decipit exemplar vitiis imitabile.

Charles étoit déjà empereur lorsque son chancelier, Granvelle, lui apporta un Thucydide, traduit du grec en notre langue. Après en avoir parcouru quelques pages, Charles-Quint en fut si content qu'il lut le livre entier deux ou trois fois de suite (1). Que seroit-ce, s'il eût pu voir le Plutarque, traduit plus tard, et beaucoup mieux, par Amyot! Il eût trouvé, du moins, dans les Vies des Hommes Illustres, des exemples et des principes plus dignes d'influer sur sa conduite et sur son gouvernement.

Une circonstance importante pour la gloire de notre langue, totalement omise par M. Robertson, c'est la manière dont Charles-Quint en

(1) *Manlius, in locis.*

fit, en quelque sorte, la langue commune de toute l'Europe, dans l'occasion solennelle où il se démit de tant de souverainetés, en présence des députés de ses nombreux états d'Espagne, d'Italie, d'Allemagne et des Pays-Bas, réunis à Bruxelles, le 25 octobre 1555. « S'étant assis sur son trône, » entre le roi de Naples et la reine première » douairière de Hongrie, il fit lire ses lettres, » par lesquelles il déclaroit qu'il avoit résolu de » se retirer en Espagne, et d'y passer le reste » de ses jours dans le repos d'une vie privée. » Après la lecture de ces lettres, qui étoient » écrites en latin, il harangua les Etats en langue » française. Le roi de Naples se leva ensuite; il » salua l'assemblée, et se mit à genoux devant » son père qui, lui ayant posé la main sur la » tête, le nomma souverain des Pays-Bas. Phi- » lippe ayant témoigné le regret qu'il avoit de » ne point parler assez facilement la langue fran- » çaise pour exprimer aux Etats ses sentimens, » Antoine Perrenot, évêque d'Arras, prit la » parole au nom de ce prince (1). » Strada dit positivement que Charles-Quint parla avec éloquence en français, et Bouhours en a tenu note. M. Robertson cite Strada et Sandoval, mais sans dire que l'empereur prononça en français le beau discours qu'il analyse. Ensuite, il fait dire à Phi-

(1) *Abrégé de l'Histoire Universelle*, de J. A. de Thou, par Remond de Saint-Albine, tom. 2, pag. 81.

lippe, qu'il *regrette de ne pouvoir parler le flamand avec assez de facilité pour exprimer, dans une occasion si intéressante, tout ce qu'il croyoit devoir à ses fidèles sujets des Pays-Bas* (1). Or, Sandoval, dont Robertson invoque ici le témoignage, dit, au contraire, que Philippe témoigna d'abord le regret de n'avoir pas assez acquis l'usage de parler français, et de ne pouvoir s'exprimer, comme il l'auroit voulu, ni en français, ni en flamand. Voici les propres mots de l'historien espagnol. « *Quisiera haber deprendido tam bien a hablar la lengua francesa que en ella os pudiera decir larga e ellegamente el animo voluntad, y amor entrannable que alos Estades de Flandes tengo; mas como no puedo hacer este en la lengua francesa, ni flamenga, suplera mi falta el obispo di Arras, etc.*

Il y a donc ici, monsieur et cher confrère, une petite négligence de M. Robertson, laquelle ne peut mieux être rectifiée que par vous, qui aimez d'autant plus notre langue que vos ouvrages en sont tous de parfaits modèles, et que vous avez mérité d'être son premier interprète dans notre académie. L'oubli de M. Robertson peut bien n'être pas affecté ; je n'en conclus rien contre lui ; mais une circonstance qui a pu être indifférente aux yeux d'un bon Anglais, ne sauroit le paroître à ceux d'un bon Français.

(1) Tom. IV, pag. 293.

§ II. *Sur le goût de Charles-Quint pour les jeux de mots.*

Charles-Quint connoissoit trop bien les finesses de notre langue ; il en avoit étudié jusques aux jeux de mots. On sait qu'il disoit que Paris danseroit dans son Gand. Cette pointe n'étoit qu'une plaisanterie ; mais, dans les choses sérieuses, cet abus de l'esprit devient insupportable, et parfois même dangereux. La duplicité des paroles ne s'accommode pas avec la droiture du cœur. Après la mort de François Sforce, un envoyé de France réclamoit, pour François Ier, le duché de Milan. Charles-Quint répondit : *Ce que mon frère le roi de France veut, c'est ce que je veux aussi.* Je ne sais si l'ambassadeur fut dupe de cette argutie ; mais M. Robertson, qui ne rapporte pas cette réponse à double entente, ne dissimule pas la conduite artificieuse, tranchons le mot, la fausseté de Charles dans cette circonstance. Il ne dit pas non plus, qu'après que Charles-Quint eut traversé la France, où il fut si bien accueilli, en 1540, François Ier, l'ayant suivi jusqu'à la frontière, lui dit, en le quittant : *Mon frère, je recommande à la générosité de votre cœur l'accomplissement de vos promesses ;* et que Charles lui répartit : *Mon frère, vous en verrez bientôt les effets.* Paroles équivoques, d'un homme décidé à ne pas tenir sa promesse, mais qui n'osoit pas l'annoncer d'une manière franche. L'artifice dont Charles se servit pour avoir le droit de tenir en prison le landgrave de Hesse étoit pareillement fondé sur une lettre pour une autre, dans un mot allemand qui prêtoit, par ce changement, à la supercherie; et M. Robertson, ne pouvant l'excuser, se borne a dire qu'il n'a pas assez de connoissance de la langue allemande pour oser prononcer sur cette faute d'orthographe.

Au reste, on étoit si imbu du goût de Charles pour les pointes, qu'on ne manquoit pas d'en mêler dans tous les complimens dont il étoit l'objet : on parle le langage de ceux qu'on veut flatter. Lors de son entrée à Paris, on lui adressa un distique sur l'*aigle* et sur le *coq*, qu'Erasme nous a conservé :

Alituum ut princeps AQUILA *est, sic altera* GALLO
Gloria : vos aliæ nil nisi vulgus aves !

C'est-à-dire, en français, (mais non avec le même sel, puisque nous n'avons pas le double sens du mot *gallus*)

Roi des oiseaux, l'*Aigle* est fameux ;
Mais le *Coq* ne lui cède guères :
Les autres oiseaux, après eux,
Ne sont que des oisons vulgaires.

Charles trouva le mot fort bon. Son aigle auroit eu grande envie de plumer notre coq ; car il fit, avec Henri VIII, une convention expresse pour le partage de la France. Et, lui-même, affecta de dire, en parlant de François Ier, que l'audace du coq ne répondoit pas à son chant, ni son bonheur à sa jactance.

Il est vrai que quand la fortune tourna le dos à Charles-Quint, on ne lui épargna pas plus les pointes satiriques. La levée du siége de Metz fut marquée par ce vers, dont l'équivoque ne peut se traduire en français :

Siste viam METIS : *hæc tibi* META *datur.*

§ III. *Sur une pièce allégorique, relative à Luther, jouée devant Charles-Quint.*

Il y eut un peu plus d'esprit dans une comédie muette, qui fut représentée devant cet empereur, à Augsbourg, en 1530, et qui pouvoit fournir à M. Robertson un paragraphe intéressant.

Charles, et Ferdinand son frère, ayant pris place pour dîner, on leur annonça des acteurs qui se présentoient dans le but d'égayer le repas de ces augustes personnages, par quelque divertissement. Ils furent admis sans obstacle. Le premier acteur qui parut avoit un habit de docteur et un masque sur la figure. Il avoit écrit, sur son dos, le nom de *Jean Reuchlin* (*Capnion*, ou

Fumée). C'est le nom du savant qui rétablit, en Allemagne, l'étude du grec et de l'hébreu, et qui est regardé, à ce titre, comme le précurseur de la réforme. Ce masque portoit un tas de bois, les uns droits, les autres courbes; il les jeta sans ordre sur le lieu de la scène, et puis se retira. Après ce masque en vint un autre, décoré du nom d'*Erasme de Rotterdam*, avec un costume analogue à celui de cet homme illustre. Celui-ci s'efforçoit d'arranger les bûches déposées au hasard par le premier, de manière que les courbes s'ajustassent avec les droites, et formassent une pile régulière; mais s'étant donné en vain beaucoup de peine pour remédier à leur inégalité, il secoua la tête, et se retira, comme affligé de n'avoir pu venir à bout de son dessein. Ensuite, on vit paroître un moine, présentant fièrement le nom de *Luther*, écrit sur sa poitrine. Il portoit, dans un réchaud, du feu et de la braise, dont il se servoit pour allumer tous les bois tortus, et les réduire en cendres. Lorsque ces bûches de travers furent bien enflammées, le moine disparut. Le masque qui le remplaça étoit décoré du manteau impérial. Voyant tous ces bois tortus que la flamme dévoroit, il tira son épée, et parut vouloir s'en servir pour essayer de détourner, de ces bûches contrefaites, le feu qui menaçoit de les consumer; mais plus il remuoit les bois, et les frappoit avec son glaive, plus il attisoit la flamme, au lieu de l'éteindre. Il s'en fâchoit, et se retiroit en colère. Enfin, le dernier personnage, en habits pontificaux, sur lesquels étoit magnifiquement brodé le nom de *Léon X*, joignoit les mains de frayeur, et regardoit de tous côtés, comme cherchant par quels moyens il pourroit arrêter cet incendie. Dans son inquiétude, il aperçoit deux grosses cruches, dont l'une est pleine d'huile, et l'autre remplie d'eau. Après les avoir reconnues, il court précipitamment à la cruche d'huile, et la répand toute entière sur le feu, qui prend des forces nouvelles, et s'étend de manière que le masque papal, craignant d'être étouffé, cherche son salut dans la fuite. Cette pièce, jouée à la muette, n'avoit pas besoin de commentaire. Quand elle fut finie, les deux princes demandèrent les auteurs ; mais ceux-ci avoient disparu, satisfaits d'avoir mis sous les yeux de César ce qu'ils vouloient lui faire entendre (1).

Cette pantomime, en cinq actes, étoit fort dans le goût du temps. On en fit une, a-peu-près du même genre, à Tours, en 1560, contre le cardinal de Lorraine et les Guises. Le jour de l'entrée du roi François II dans cette ville, un boulanger couvrit de la mante de sa femme

(1) *Christoph.* MATHIAS, *Theatrum Historicum*, in-4°. *Apud Dan.* ELZEVIR, 1648.

un âne dont il se servoit pour aller au moulin. Il fit monter, sur cet animal, un enfant, qui avoit un bandeau sur les yeux et un casque de bois sur la tête. On voyoit, sur ce casque, un perroquet qui avoit la tête rouge, et qui béquetoit l'aigrette de la coiffure de l'enfant. Deux jeunes gens, vêtus en Ethiopiens, et ayant le visage barbouillé de noir, conduisoient l'âne. Il n'étoit pas difficile de deviner ce qu'on avoit eu dessein de désigner par cette pasquinade. Pour en expliquer l'action, l'on n'avoit pas besoin d'un programme imprimé, comme il en faut souvent aux ballets de notre Opéra. Les Guises, informés de cette mascarade, eurent le bon esprit d'en rire (1).

§ IV. *Sur un trait remarquable de Charles-Quint, relativement au même Luther.*

Charles-Quint ne profita guère de la leçon de tolérance que les masques d'Augsbourg s'étoient permis de lui donner. Son frère, Ferdinand, moins brillant que lui, mais plus sage, en fut sans doute plus frappé, et au lit de la mort, il put se consoler, en se rendant le témoignage de n'avoir tourmenté personne pour cause de religion. Quelle différence de Charles! M. Robertson glisse un peu sur le grand nombre de victimes que son héros sacrifia à son despotisme

(1) *Abrégé de J. A. de Thou*, tom. 2, pag. 392.

pieux, soit lorsqu'il tenta de porter à Naples et dans les Pays-Bas l'inquisition établie en Espagne par son aïeul maternel, Ferdinand d'Arragon; soit lorsqu'il voulut disposer de la croyance publique, en imposant aux chrétiens l'obligation de se conformer à son *Interim*. Dans les Pays-Bas, seuls, on assure que cinq mille personnes furent pendues, décapitées, enterrées vives, ou brûlées, pour n'avoir pas voulu régler leur foi sur les articles de ce livre. On connoît aussi la rigueur avec laquelle il traita les Gantois, quoique cette rigueur, colorée du nom de justice, ne fût rien en comparaison des cruautés que ses ministres lui avoient proposé d'exercer contre cette ville. Le conseil d'Espagne ne parloit de rien moins que de raser Gand, et de confisquer les biens de tous les Gantois. Charles-Quint fut plus modéré; il ne démolit pas sa ville natale, mais il la traita d'une manière dont on conserve encore, sur les lieux, un souvenir bien différent de celui que les Parisiens gardent à la mémoire de Henri IV. Paris avoit été plus coupable que Gand. Lorsque les députés de cette ville eurent leur première audience de Henri, en 1594, ils furent si troublés qu'ils ne purent ouvrir la bouche; ils se contentèrent de se jeter aux pieds du roi. Henri, après les avoir regardés un moment, fondit en larmes, et, les faisant lever, leur dit : « Ne venez pas demander pardon comme

» des ennemis, mais comme des enfans à leur » père, qui est toujours prêt à les recevoir dans » ses bras (1). » Voilà un mouvement sublime! voilà un mot qui sort du cœur! C'est ici qu'il faut déplorer la condition des princes, qui ne sont pas toujours en état de suivre, comme Henri IV, l'impulsion de leurs propres sentimens, et qui sont obligés de consulter sur tout ce qu'ils doivent faire ou dire : trop souvent

Leur réponse est dictée, et même leur silence.

Cependant, on leur fait honneur des sages résolutions que d'autres leur ont suggérées; mais en revanche, on leur impute les atrocités qu'ils n'ont fait qu'adopter sur la foi d'autrui, et d'après l'esprit de leur temps. Ainsi, quand notre Roi Henri II vint, en 1559, présider à l'improviste une mercuriale du parlement de Paris, où l'on délibéroit sur la manière de traiter les réformés, peu de voix s'élevèrent pour le parti de l'indulgence; le plus grand nombre émit des opinions forcenées; le premier président, surtout, parla contre les sectaires avec beaucoup de véhémence, et cita spécialement l'exemple des Albigeois, dont il prétendit, je ne sais pas trop sur quel fondement, que six cents avoient été brûlés en un jour par les ordres de Philippe-Auguste. (Sans

(1) *Mémoires pour servir à l'Histoire de France*, tom. II, pag. 163.

doute il s'agissoit plutôt du supplice des Templiers, arrêté de concert entre le pape Clément V et Philippe-le-Bel). Comment auroit-on voulu que Henri II résistât, de lui-même, à la pluralité des voix, appuyée sur des autorités si imposantes ? Mais Charles-Quint sut se défendre d'un piége et d'une induction absolument du même genre, dans une circonstance qui n'auroit pas dû être omise par M. Robertson. C'est un trait qui honore le caractère personnel de Charles-Quint, et le voici :

Lorsqu'il entra vainqueur dans la ville de Wittemberg, en 1547, et qu'il en visita les monumens publics, Ferdinand, ce fameux duc d'Albe, et l'évêque d'Arras, Granvelle, qui se trouvoient à ses côtés, lui proposèrent de détruire le tombeau de Luther, érigé l'année précédente, et de déterrer le cadavre de cet hérésiarque, pour le faire jeter au feu. Le zèle du prélat ne manquoit pas de grands exemples, tirés du propre fonds de l'Histoire Ecclésiastique, pour prouver la légalité de cette procédure contre une ombre et contre un cadavre. En 1428, le pape Boniface VIII avoit fait exhumer Wiclef, quarante ans après son décès, et avoit ordonné qu'on le brûlât publiquement. Et deux autres pontifes, Etienne et Sergius, n'ont-ils pas fait jadis déterrer le pape Formose, à qui l'on mutila trois doigts de sa main droite, et que l'on jeta dans le Tibre, huit mois après sa mort? Charles-Quint ne fut point touché des exhortations pressantes du duc et de l'évêque, quoiqu'ils fussent tous deux ses conseillers intimes. Il écouta leurs remontrances avec beaucoup de gravité. Enfin, il répondit : « Je n'ai plus » affaire à Luther. Luther a maintenant un juge » dont je ne saurois envahir la juridiction. Et » d'ailleurs, songez-y, messieurs! je ne fais pas » la guerre aux morts, mais bien à ceux qui vivent, » et qui sont armés contre moi. » L'empereur ne s'en tint pas là. Les Espagnols de son armée pouvoient être animés du même esprit que le duc d'Albe et l'évêque d'Arras. Le prince crut devoir prévenir les effets de cette pieuse fureur, et défendit, sous peine de la vie, de violer le tombeau de Luther (1).

Ne pensez-vous pas comme moi, monsieur et cher confrère? Ce trait de Charles-Quint n'est-il pas admirable? et ne doit-on pas regretter que M. Robertson n'en ait pas fait usage, ou ne l'ait pas connu?

On cite aussi de Charles-Quint quelques mots pleins de sens, comme celui-ci par exemple : *Les gens de qualité me dépouillent; les gens de lettres m'instruisent; les marchands m'enrichissent.* Véritable apophtegme, également omis par M. Robertson.

(1) *Crist.* MATHIAS, *Theatrum historic. Apud D. Elzevirium.*

§ V. *Sur les tableaux que Charles-Quint fit placer dans le monastère de Saint-Just.*

Je ne sais pas pourquoi il ne dit rien non plus des tableaux et des cartes dont Charles-Quint fit tapisser les murs du monastère qu'il avoit choisi pour retraite après son abdication. En renonçant au monde, il ne renonçoit pas au souvenir du rôle qu'il y avoit joué. Tourmenté de la goutte, il se faisoit porter dans le cloître où étoient suspendues ces peintures de tous les actes de son règne ; et assis devant ces images de sa grandeur passée, il faisoit revenir dans son imagination tout ce qui lui étoit arrivé dans tant de campagnes, de batailles, de siéges, d'expéditions, de diètes ; il aimoit à se rappeler quels généraux il avoit eus pour commander sous lui ; quels avoient été ses succès, et même ses revers. Quand il vint aux tableaux où l'on avoit représenté la guerre de Smalcalde et la captivité de l'électeur de Saxe, Jean Frédéric *le Magnanime*, il s'écria en soupirant : « *Si j'avois laissé celui-là tel qu'il étoit auparavant, je serois demeuré moi-même ce que j'étois alors* (1).

Je ne sais pas si je me trompe ; mais il me sembleroit, monsieur et cher confrère, que cette galerie de l'histoire de Charles-Quint, le plaisir

(1) *Ibid.*

qu'il prenoit à en contempler les détails ; et les réflexions que cet aspect lui inspiroit, auroient été bien dignes d'exercer le pinceau savant de M. Robertson. Cet épisode singulier pouvoit faire briller les talens de l'historien, et tenter même les poëtes.

J'indiquerois peut-être encore aux pinceaux de la poésie le sujet d'un tableau de l'histoire de Charles-Quint, qui n'est pas davantage dans M. Robertson, et qui feroit un épisode digne de l'épopée.

Cet empereur, étant à Spire, voulut entrer dans le caveau de ses prédécesseurs ; il se fit ouvrir le cercueil de Rodolphe d'Hasbourg, qui fut le premier empereur de la Maison d'Autriche. La vue de ce cadavre parut faire sur Charles une profonde impression. En sortant du caveau, il ordonna qu'à l'avenir, ces sanctuaires de la mort ne fussent plus ouverts à qui que ce pût être (1).

Rodolphe avoit été surnommé *le Clément.* Il disoit qu'il s'étoit repenti quelquefois d'avoir été trop sévère, mais qu'il n'avoit jamais eu de regrets quand il avoit eu de l'indulgence. Un poëte pourroit, sur ces données, animer cette ombre illustre, et lui faire tenir un beau discours à Charles-Quint, pour le détourner de ce despotisme intolérant qui croit que l'on commande des opi-

(1) *Ibidem*, pag. 729.

nions, et qui veut toujours, si l'on s'y refuse ;

> Armé de fer, saisi d'un saint emportement,
> Dans un cœur obstiné plonger son argument.
>
> L. Racine, *Poëme de la Religion*, *chant VI.*

Au reste, on trouve dans l'histoire que plusieurs autres princes ont eu la fantaisie de troubler la paix des sépulcres, soit pour interroger les mânes de quelques illustres défunts, soit pour voir de plus près le terme où aboutit la pompe des grandeurs humaines ; soit dans des vues qui n'étoient pas tout-à-fait si philosophiques. Darius viola le tombeau de Sémiramis : c'étoient des trésors qu'il cherchoit, et il fut bien trompé, ne trouvant qu'une inscription par laquelle Sémiramis avoit prévu ce trait d'une avarice infâme, et s'en étoit moquée d'avance.

Nul tombeau n'a été plus souvent visité que celui d'Alexandre. Ce tombeau étoit d'or massif. Ptolémée *le Souillon* le prit, et y substitua un cercueil de verre. Les restes du grand Alexandre furent ainsi gardés, dans du miel, pendant plusieurs siècles. Stace dit qu'à Alexandrie,

> De ces murs renommés le fondateur guerrier,
> Dans le nectar d'Hybla demeure encore entier (1).

Auguste voulut voir le conquérant dans son

(1) .... *Ubi belliger urbis*
Conditor Hyblæo perfusus nectare durat.
Stat.

cercueil, et fit même tomber son nez en y touchant du bout du doigt.

Pour faire sa cour à Auguste, le gardien du monument offrit de lui montrer aussi les corps des Ptolémées, dont toutes les momies étoient rangées par ordre dans un caveau voisin. *Non*, répondit Auguste, *ce que j'ai voulu contempler, c'est un Roi, et non pas des morts.*

Ce sont de tels rapprochemens qui donnent à penser, et qui ajoutent au plaisir de la lecture de l'histoire. Le solide profit d'une instruction positive, tirée d'évènemens réels, est bien préférable, sans doute, aux illusions que l'on cherche dans les récits imaginaires et les fictions romanesques. Quels romans vaudroient des histoires écrites avec l'ordre, la sage liberté et le goût épuré qui caractérise l'ouvrage de M. Robertson ?

§ VI. *Sur ce que Charles éprouva de la part de l'inquisition après sa mort.*

Les sentimens de Charles s'étoient bien adoucis, comme on vient de le voir, sur la fin de sa vie, mais il n'avoit point inspiré ces idées à son successeur. Pourquoi ne trouve-t-on dans M. Robertson, rien, absolument rien, de ce qui se passa après la mort de Charles, sur son testament, qu'on assure que l'inquisition soupçonna d'hérésie, et sur le traitement que la même inquisition fit subir à Constantin Ponce, qui avoit été confesseur de Charles-Quint jusqu'à sa mort ? Ponce, et l'évêque de Tortone, autre créature de Charles, devoient figurer comme acteurs, ou plutôt comme patiens, dans le superbe *auto-da-fé* par lequel on solennisa l'entrée de Philippe II à Valladolid, le 24 septembre 1559. Mais comme ces deux pauvres prêtres venoient de mourir en prison, on ne pouvoit leur faire partager le bûcher de huit hommes et de cinq femmes, qui furent brûlés vifs : pour l'ornement de cette fête, on y porta leurs effigies.

On ne sauroit relire le beau discours de Charles, lors de son abdication, sans frémir, malgré soi, de l'espèce de prophétie contenue dans la phrase où Charles-Quint souhaite que Philippe, son fils, soit assez fortuné pour avoir, à son tour, un fils digne d'obtenir de son père la résignation du trône et la remise anticipée de sa succession. En lisant ces paroles, on songe au sort de Don Carlos.....

§ VII. *Sur le jugement sévère que Condillac a porté de Charles-Quint.*

Je n'ignore pas qu'il y a dans les princes du rang de Charles, deux personnages très-distincts, savoir, l'homme privé, qui a sa physionomie et son visage naturel ; et l'homme public, au contraire, qui joue un rôle de théâtre. M. Robertson ne veut pas que l'on confonde ces deux hommes dans le héros qu'il a choisi; aussi, n'écrit-il point la vie, mais le règne de Charles-Quint. Par là, il se dispense de beaucoup de détails que les lecteurs aiment pourtant, mais qui sont étrangers à son but principal. On n'est donc pas surpris qu'il ne dise rien, par exemple, des foiblesses que Charles prenoit si grand soin de cacher, et qu'il ne cherche point quelle fut *la grande princesse* à laquelle Anne de Blomberg consentit à prêter son nom, pour couvrir la naissance de ce Don Juan d'Autriche, qui n'en fut pas moins un grand homme. Sur ce point, et sur quelques autres, il faudra recourir à Bayle et à Voltaire. Ce ne sont pas, au reste, ces sortes de lacunes que je vous invite a remplir; mais s'il faut juger Charles-Quint dans le seul point de vue sous lequel M. Robertson a voulu le considérer, je ne sais si l'opinion de cet historien anglais ne lui est pas trop favorable. Je me garderois bien de laisser entrevoir ce doute, s'il n'émanoit que de moi-même; mais en ouvrant le *Cours d'études pour l'infant-duc de Parme*, je trouve un jugement sévère sur le règne de Charles-Quint : et la censure est motivée. M. Robertson a cru voir dans la conduite de ce prince un système de politique lié, suivi, coordonné, etc. L'abbé de Condillac (ou Mably, sous son nom) établit, au contraire, que Charles n'avoit point de plan ; que ses entreprises ne se préparent jamais; qu'elles ne se tiennent point ensemble; que ses tentatives sont presque toujours au-dessus de ses forces; enfin, que ses idées paroissent éparses comme ses Etats. Ces derniers mots sont remarquables. Peut-être expriment-ils l'unique corollaire que l'on puisse déduire de l'histoire de Charles-Quint, et de tous ceux qui, comme lui, ont voulu réunir des domaines trop étendus et des monarchies trop diverses. Tant de climats et tant de peuples, si éloignés, si opposés, sont toujours logés à l'étroit dans la capacité d'une seule cervelle humaine, quelque démesurée, quelque vaste qu'on la suppose. Et quant à Charles-Quint, cherchons les monumens du règne de ce maître de tant d'Etats! Interrogeons les nations qu'il gouvernoit en si grand nombre! Voyons ce qu'il a fait pour elles! Il n'a songé qu'à lui, à son fils, et à sa famille. J'ai été à portée d'étudier de près ce qu'il fit dans les Pays-Bas, qui devoient lui être si chers; qui avoient été, avant lui, si riches et si florissans, sous les premiers ducs de Bourgogne; qui étoient si peuplés alors, qu'après avoir gagné sur leurs habitans la bataille de Mons en Puelle, Philippe-le-Bel, étonné de s'en voir environné plus que jamais, s'écria : *Je crois qu'il pleut des Flamands!* Hé bien! dans ces pays, Charles n'a rien laissé qui recommande sa mémoire. Il les a tourmentés par des *pétitions* d'argent qui n'étoient jamais appliquées aux besoins du pays ; il a traversé leur commerce par des *licences* désastreuses, inventées pour lui procurer un impôt indirect sur le monopole des grains, partie si délicate de la subsistance des peuples, et à laquelle on n'a jamais touché impunément ; enfin, il a jeté lui-même, par ses édits cruels de 1550 (1), les semences de ces discordes et de ces mécontentemens qui ont ensuite mis à feu et à sang ces provinces, et en ont arraché plusieurs au sceptre de l'Espagne. Et que seroit-ce encore, si je voulois franchir les mers, et demander au Nouveau-Monde ce qu'y firent les Espagnols au nom de Charles-Quint ! Mais M. Robertson n'en a pas dit un mot ; il gardoit l'Amérique pour un autre tableau ; et il nous fait lire une histoire de ce prince où l'on est surpris de ne pas trouver même le nom de ce Fernand Cortez qui suivit Charles-Quint à l'expédition d'Alger ; ni celui de ce Las-Casas, qui plaida auprès de ce prince la cause de l'humanité ; ni celui de ce Magel-

(1) « Il créa différens tribunaux sur le modèle de » l'inquisition. La publication, la vente et le débit des » livres compris dans l'*index* d'Augsbourg, les assem- » blées secrètes, les disputes sur les matières de contro- » verse, y étoient punis de mort : on tranchoit la tête aux » hommes, et les femmes étoient enterrées vivantes. »

(*Répertoire des placards de Hollande.*)

lan, le premier des navigateurs qui fit le tour du monde, etc. Il n'envisage que l'Europe. Hé bien, dans cette Europe seule je vois des expéditions où Charles-Quint se faisoit suivre de son historien Paul Jove; je trouve de l'activité, des voyages nombreux, et, comme dit Rousseau dans l'*Ode à la Fortune*,

> Des vœux outrés, des projets vastes.

Mais Charles et Paul Jove n'ont travaillé, ni l'un ni l'autre, pour la postérité. L'intérêt attaché au livre de M. Robertson n'en est pas moins pressant, parce que le tableau en est bien ordonné, que les couleurs en sont fidèles, et qu'il n'y a rien au-dessus de l'Introduction; mais après l'avoir bien relu, tout en admirant son talent, j'admire un peu moins son héros, et je suis tenté d'être du sentiment de Condillac.

§ VIII. *Sur quelques citations que l'on pourroit désirer.*

Quelques citations choisies me paroissent aussi manquer à cet excellent livre de M. Robertson; mais ma lettre est déjà si longue, que je crains d'abuser de votre patience. Je me bornerai à vous transcrire, 1°. la lettre courte et touchante, écrite à Charles-Quint, par notre régente de France, Louise de Savoie, après le malheur de Pavie ; 2°. des remarques assez piquantes, quoiqu'emphatiques, de Balzac, sur l'abdication de Charles - Quint , abdication que l'on croyoit ne pouvoir assez exalter quand elle passoit pour avoir été volontaire ; 3°. je vous indiquerai un écrit que l'on attribue à Charles-Quint lui-même, et d'autre écrits échappés aussi à M. Robertson. (Voyez ci-après ces trois pièces.)

Pardonnez-moi, mon cher confrère, de vous importuner de tout ce griffonnage. J'ai voulu vous prouver l'intérêt que je prends à votre beau travail; et je serai content si vous voulez bien recevoir, avec quelque indulgence, les notes que je vous adresse, foible contingent de mon zèle pour le succès de votre ouvrage, et de mon vieil attachement pour la personne de l'auteur.

Et sic, vale et me ama !

FRANÇOIS DE NEUFCHATEAU.

I. *Lettre de madame la Regente à l'Empereur.*

Monsieur mon bon filz,

Depuis que j'ai ouy et sceu par ce Gentilhomme, la fortune advenue au Roy monsieur et filz, je loue et rends gloire à Dieu de ce qu'il est tombé entre les mains du prince du monde que j'aime le mieulx, espérant que vostre magnificence nous doit ayder au moyen du sang, alliance et lignage qui est entre vous et luy ; et au cas que en soit ainsi, je tiens pour certain un grand bien et le principal à l'avenir à toute la chrestienté, pour l'amitié et union de vous deux. Et à cette cause, humblement vous supplie, monsieur et filz, que pensez en luy ; et cependant commandez qu'il soit traitté ainsi que vostre honnesteté et la sienne le requièrent ; et mandez et permettez qu'il soit servy en sorte que souvent je puisse avoir nouvelles de sa santé. En ce faisant, obligerez une mère, laquelle avez toujours ainsi appelée ; et qui une autre fois vous prie que à cette heure par affection vous montriez père.

Vostre très-humble mère, LOUISE.

Ecrit à Saint-Just, le tiers jour de mars (1525).

Et sur le dos des lettres estoit escrit :

A monsieur mon bon fils, Empereur.

N. B. Cette lettre nous a été conservée par Paradin.

II. LES PLAISIRS DE LA VIE RETIRÉE.

Extrait d'une dissertation adressée par Balzac au père André de Saint-Denis, feuillant.

Pour le plan de l'appartement que vous m'avez envoyé, je fais état de vous porter une description de la retraite de l'empereur Charles ; et je fais, en ceci, comme le bon homme Malherbe, quand il se mettoit immédiatement après les rois, et qu'il disoit : « Priam a reçu de la consolation ; » François Ier n'a pas voulu mourir de regrets, » ni moi non plus. »

Cette description m'est venue de Rome depuis peu de jours ; elle n'est point inférieure, par la dignité du style, aux plus éclatans endroits de l'Histoire du père Strada. Et que vous semble d'un écrivain qui commence ainsi ses écritures : *Lorsque Charles, ennuyé du monde, voulut mourir sous l'empire de son frère, et sous le règne de son fils?* La pièce est peinte de mille couleurs ; elle est historique, oratoire, poétique : et que n'est-elle point ? Mais ce sera vous qui me direz ce que j'en dois croire, et particulièrement de cet endroit, que je ne pus pas m'empêcher de traduire la seconde fois que je le lus.

« La belle pièce qu'une renonciation à l'em- » pire, faite en bonne forme et de bonne foi ! » De ce lieu si élevé les chutes ont été fréquentes » et les descentes ont été rares. Combien de » Nérons, de Domitiens et de Commodes, pour » un Dioclétien ! Encore ne peut-on pas dire » que la démission de celui-ci ait été de même » mérite que celle de Charles, dont la vie, sans » reproche et sans tache, ne lui pouvoit laisser » de remords. Mais que cette vie, qui a fait tant » de bruit, n'en fasse plus ! Révérons son repos, » et cessons d'admirer ses actions. Considérez-le

» des yeux de l'esprit, dans le monastère de » Saint-Just des pères Hiéronymites. Voyez » comme ce grand cœur change d'ambition, » comme son courage prend une autre route, et » se tourne du côté du ciel ! la vanité, la vio- » lence, le désordre, le monde, en un mot, ne » viennent pas jusqu'ici ! Tout est paisible dans » son âme, et toutes les passions obéissent. Voyez » comme il se désarme le visage de la mine qui » faisoit peur aux barbares d'Afrique et aux » protestans d'Allemagne. Il se laisse adoucir » l'esprit aux discours de la raison ; il écoute la » philosophie, à laquelle il n'avoit pas pu don- » ner une heure d'audience, durant quarante ans » qu'il avoit régné.

» Cette fidèle conseillère représente à l'empe- » reur que sa retraite le tire du nombre des » autres hommes, qu'elle assure ses victoires, et » qu'elle consacre sa vertu ; que vouloir entre- » prendre de nouveaux desseins, c'est vouloir » prolonger sur soi le pouvoir de la Fortune. Elle » ajoute que la méditation a été appelée l'affaire » des Dieux, et de ceux qui les imitent ; que tous » les emplois de la république ne valent pas un » moment de l'oisiveté du sage.

» Jamais les choses du monde n'eurent un plus » grand spectateur, qui les regardât sans y tou- » cher, et qui fût assis et en repos, tandis que » les autres couroient et se donnoient de l'inquié-

» tude. Ses travaux étant finis, voyant l'envie » et le malheur à ses pieds, tous les jours qui » lui restoient n'étoient plus que des jours de » triomphe, et ce triomphe n'étoit pas moins beau, » pour n'avoir de témoins que le ciel et sa con- » science. C'étoit le couronnement et la fête de » sa laborieuse vertu ; et cette vieillesse avancée, » que la grandeur ne quitta pas même dans sa » cellule, n'étoit pas tant la dernière partie de son » âge, que la dernière perfection de sa gloire. »

Toutefois, comme il n'est rien de si net que la médisance ne salisse, ni de si bon qu'elle n'interprète mal, quelques-uns ont voulu dire que ce prince s'étoit repenti de sa retraite, et en avoit conçu un chagrin qui lui avoit même touché l'esprit. Pour preuve de quoi ils débitent cette fable : ils disent qu'il avoit cinq cents écus dans une bourse de velours noir, de laquelle il ne se désaisissoit jamais, jusqu'à la faire coucher avec lui toutes les nuits. Si on les veut croire, il baisoit, il caressoit, il idolâtroit cette bourse ; et après avoir méprisé les richesses de l'un et de l'autre Monde, les perles et les diamans de tant de couronnes qu'il avoit portées, il étoit devenu avare pour cinq cents écus ! Un sujet naturel du roi d'Espagne me fit autrefois ce conte ; mais je m'en moquai, et je le mis au nombre des histoires apocryphes. Il y a bien plus d'apparence que si l'empereur s'est repenti de quelque chose dans sa solitude, c'a été de ne s'être pas plus tôt retiré du monde, ou comme en parle un auteur de delà les monts, de n'avoir pas plus tôt coupé jeu à la Fortune : car par là, dit-il, il attrapa la Fortune, quoiqu'elle soit si forte, et qu'elle sache si bien piper.

Le théologien que la politique a corrompu, et qui estime plus une ordonnance de comptant que toute la somme de saint Thomas, se moquera sans doute des remontrances que fait la Philosophie à l'empereur Charles : non pas vous, mon révérend père, qui n'êtes pas gâté de la cour; qui savez le véritable prix des choses; qui regardez avec pitié ces grands malheureux, à qui tant de gens portent envie. Votre jardinier, votre portier, le moindre de vos frères laisse bien de plus douces pensées qu'eux, et passe bien de meilleures heures. On ne laisse pas pourtant de souhaiter ces belles misères; et la félicité de la retraite est un bien connu de peu de personnes.

J'ai l'âme pleine de vos maximes; et par conséquent vous devez croire que je ne déclame point, quand je prêche, après vous, le mépris du monde, la vanité des choses humaines, l'excellent texte de CACHE TA VIE (1)!

OEuvres de Balzac, tom. II, in-fol., pag. 386—388.

(1) C'est le texte de cette belle épigramme, qui est un petit chef-d'œuvre dans son genre :

« Cache ta vie ; au lieu de voler, rampe! »
A dit un Grec. Je tiens qu'il eut raison :

III. *Sur un écrit de Charles-Quint, et sur ses parallèles avec François* Ier.

Je puis vous indiquer encore d'autres pièces, trop longues pour être transcrites ici, mais dont on aimeroit à trouver un extrait dans *l'Histoire de Charles-Quint.*

Son testament, en espagnol, se trouve dans le *Corps diplomatique* de Dumont.

On a, sous le nom de ce prince, un monument dont Robertson ne donne aucune idée; c'est un ouvrage composé pour transmettre à son fils les secrets de la politique de la Maison d'Autriche.

On attribue à Charles-Quint un sentiment particulier sur les grâces d'état dont Dieu favorise les princes. Il pensoit que l'Etre-Suprême, *qui donne la souveraine puissance aux rois, ne manque pas de les enrichir au plus tôt des qualités nécessaires pour en faire usage.* Si ces mots n'étoient pas une ironie, et si Charles-Quint a eu sérieusement cette opinion, il est difficile de la concilier avec le soin qu'il a pris de laisser des INSTRUCTIONS adressées à Philippe II, roi d'Es-

Du cœur humain il connoissoit la trempe;
Bonheur d'autrui n'est pour lui que poison.
L'homme est injuste, envieux sans relâche;
Il souffre à voir son semblable estimé.
Mérite un nom; mais pour être heureux, tâche,
Avant ta mort, de n'être point nommé.